관용·신뢰한다는 것

관용·신뢰 한다는 것

2019년 11월 15일 초판 4쇄 발행

지은이 / 박혜원
그린이 / 송향란
펴낸이 / 길도형
디자인 / 우디
인쇄 · 제본 / 우성아트피아
펴낸곳 / 장수하늘소
출판등록 / 제406-2007-000061호
주소 / 10212 경기도 고양시 일산서구 덕산로 250
전화 / 031-923-8668
팩스 / 031-923-8669
E-mail · jhanulso@hanmail.net

ISBN 978-89-962802-9-3 74330 / ISBN 978-89-962802-7-9 74330(세트)

책값은 뒤표지에 있습니다.

초등학생이 꼭 만나야 할 민주사회 이야기

관용·신뢰한다는 것

다 이유가 있을 거예요

글 · 박혜원 | 그림 · 송향란

장수하늘소

머리말

관용과 신뢰가 정직한 민주주의 사회의 바탕이에요.

고대 그리스의 철학자인 아리스토텔레스는 인간을 '사회적 동물'이라고 했어요. 사람은 어떤 경우라도 혼자서 살 수 없는 존재라는 거예요. 사람들은 가족, 학교, 더 나아가 사회의 구성원(어떤 조직을 이루고 있는 사람)으로 살아가죠.

가족의, 학교의, 사회의 한 구성원으로 살아가기 위해서는 자신에게 맞는 행동과 말, 역할을 해야 합니다. 그래야 다른 사람들과 잘 맞추면서 바르게 살아갈 수 있어요.

더불어 살아가는 데에 중요한 것으로는 무엇보다 관용과 신뢰를 들 수 있어요.

관용은 상대방과 의견이 다르거나 부딪칠 때 너그러운 마음으로 상대방을 인정하고, 때로는 상대방의 잘못까지도 진심으로 용서해 주는 것을 말해요. 관용을 베푸는 사회는 큰 싸움 없이 부드러운 대화로 모든 문제를 해결해 나갈 수 있어요. 사람은 누구나 실수를 하거나 잘못을 할 수 있어요. 여러분도 마찬가지예요. 그런데 실수나 잘못을 용서받지 못한다면 어떻게 될까요? 무척 괴롭고 슬프겠지요? 어쩌면 '한 번 잘못 했으니 또 한 번 하면 어때?' 하면서 또다시 실수를 하거나 잘못을 저지를 수 있어요. 그렇게 되면 자신의 잘못을 뉘우치는 일이 생기지 않을지도 몰라요. 그러나 실수와 잘못을 용서 받을 수 있다면 잘못을 뉘우치고, 다시는 실수와 잘못을 저지르지 않고 바르게 살아갈 수 있을 거예요.

신뢰는 상대방을 믿는 마음이에요.

여러분은 나 자신을 믿어주고, 또 내가 믿어줄 수 있는 친구를 가지고 있나요? 만약 그런 친구가 한 명이라도 있는 친구는 행복한 친구예요. 그리고 그런 친구가 없다면 지금부터라도 노력해서 만들어 보세요. 먼저, 내가 친구를 믿어 주면 친구는 저절로 나를 믿어 줄 거예요.

관용과 신뢰가 넘치는 사회, 그런 나라는 웃음이 넘치는 사회가 될 것 같지 않나요?

나 자신부터 관용과 신뢰의 마음을 가질 수 있도록 노력해 보세요. 그렇게 되면 행복한 나, 즐거운 가족, 멋진 나라가 될 거예요.

좋은 사회, 아름다운 민주 사회, 바로 여러분이 만들어 갈 수 있답니다.

2010년 6월

박혜원

차례

1. 교황 요한 바오로 2세의 관용

다 이유가 있을 거예요

1981년 5월 13일에 있었던 일이에요.

교황청에서 가까운 로마의 성 베드로 성당 앞 광장은 여느 날처럼 수많은 사람들로 붐볐어요. 더욱이 그 날은 성 베드로 성당을 방문한 교황 요한 바오로 2세가 광장으로 나와서 사람들 앞에서 직접 미사를 하기로 한 날이에요.

요한 바오로 2세는 교황이 된 뒤로 세계 곳곳을 다니며 평화와 사랑의 메시지를 전하느라 조금도 쉴 틈이 없었어요. 그 바람에 정작 교황청이 있는 로마 사람들은 교황을 직접 보는 게 쉽지 않았지요. 그래서 사람들은 모처럼 로마로 돌아와 미사를 하려는 교황을 좀더 가까이에서 보려고 자리다툼까지 마다하지 않았어요.

드디어 웅성거리는 사람들 사이로 커다란 차가 나타났어요. 지붕을 없앤 차에는 요한 바오로 2세가 서서 밝게 웃으며 손을 흔들고 있었지요. 사람들은 일제히 환호를 보내며 함께 손을 흔들어 교황을 반겼어요.

바로 그 때였어요. 어디에선가 '탕! 탕! 탕!' 하는 날카로운 소리가 들려왔어요. 그 소리는 분명히 권총 소리였어요.

그러자 조금 전까지 웅성거리던 광장은 쥐죽은 듯 조용해졌어요.

그 때 누군가 침묵을 깨고 소리쳤어요.

"교황님께서 총에 맞으셨어요!"

그 소리와 함께 여기저기서 사람들의 비명 소리가 들렸어요. 그리고 광장은 안타까워하는 울음소리가 뒤섞여 아수라장이 되었어요.

지붕도 없이 사방이 열린 차에 선 교황은 아까처럼 손을 흔드는 대신 천천히 옆으로 쓰러졌어요. 그 모습을 본 군중들은 다시 한 번 비명을 지르며 울부짖었어요.

그러나 곧 요한 바오로 2세는 힘을 내어 몸을 일으켰어요. 사람들은 "오 오!" 하는 감탄 소리를 내며 무릎을 꿇고 두 손을 모았어요. 요한 바오로 2세는 피 흘리는 몸을 지탱하고 선 채 다시 한 번 군중들을 향해 손을 흔들었어요. 그리고는 이내 경호원들의 부축을 받으며 병원으로 향했어요.

총알이 배를 뚫고 지나간 탓에 피를 많이 흘렸어요. 요한 바오로 2세는 오랜 시간 수술을 받았어요.

수술을 담당했던 의사는 밝은 얼굴로 수술실을 나오며 말했어요.

"수술이 무사히 끝났습니다. 곧 퇴원하실 수 있을 거예요."

퇴원한 요한 바오로 2세는 곧 예전의 모습을 되찾을 수 있었고, 바로 공식 성명을 발표했어요.

"나는 나에게 총을 겨눈 사람을 위해 기도합니다. 그 사람이 나에게 총은 쏜 것은 그만한 이유가 있었을 것입니다."

교황은 이미 자신에게 총을 쏜 사람을 용서했던 거예요. 그러나 교황은 그 뒤로 오랫동안 총상을 입은 후유증에 시달려야 했어요. 미사를 드릴 때나 기도를 하다가도 갑자기 쓰러지기도 했지요.

담당 의사는 쉴 것을 권유했습니다. 그러나 교황은 쉬려고 하지 않았어요. 하느님의 말씀을 더 많은 사람들에게 전하려면

더욱 부지런해야 한다는 생각 때문이지요.

그렇지만 주위 사람들의 간곡한 부탁을 다 물리칠 수는 없었어요. 요한 바오로 2세는 꽃과 나무, 파도 소리가 들리는 바다 옆에서 지내는 동안 예전의 건강을 되찾게 되었어요. 깨끗한 공기와 편안한 휴식이 교황의 몸과 마음을 더욱 깨끗하게 만들어 주었지요.

요양원에서 돌아온 요한 바오로 2세는 곧바로 총을 쏜 청년이 갇혀 있는 감옥을 찾아갔어요. 교황은 청년에게 부드럽게 물었어요.

"어디 몸이 불편하지는 않은가?"

터키 출신의 청년은 아무 말도 하지 않았어요. 자신의 잘못에 대해 전혀 뉘우치려는 모습이 아니었지요.

그렇지만 요한 바오로 2세는 자신을 쏜 청년을 위해 기도를 올렸어요. 그리고 시간이 날 때마다 찾아가서는 따뜻한 말로 청년을 위로했지요.

그리고 얼마 뒤, 신문에 청년의 기사가 실렸어요. 청년이 자신을 취재하러 온 기자에게 말한 내용이었어요.

"저는 제 잘못을 크게 뉘우치고 있습니다. 교황님의 마음에 감동을 받았습니다."

이 소식을 들은 요한 바오로 2세는 또 교도소로 청년을 찾아 갔어요. 어두컴컴한 감옥에 홀로 앉아 있던 청년은 교황을 보자 얼른 무릎을 꿇고 엎드렸어요. 그러자 요한 바오로 2세는 청년을 일으켜 앉히고 말했어요.

"당신을 용서한 지 오래입니다. 우리 모두는 하느님의 자식으로 한 형제입니다."

청년은 교황의 위로를 들으면서 하염없이 눈물을 흘렸어요. 그리고 이내 교황의 손을 부여잡고는 자신의 입에 가져다 댔어요. 요한 바오로 2세도 청년도 한동안 말없이 서로를 바라볼 뿐이었지요.

교황은 그 날부터 터키 대통령에게 청년을 용서해 달라는 편지를 보냈어요. 교황의 편지가 계속 이어지자 마침내 터키 대통령은 결심을 하기에 이르렀어요.

그리고 얼마 뒤, 청년은 감옥에서 나올 수 있었어요. 자유의 몸이 된 청년은 교황에게 진심으로 감사를 드렸어요.

교황 요한 바오로 2세는 자신에게 총을 겨눈 남자가 행복해지기를 진심으로 바라고 있었답니다.

관용이란 무엇인가요?

관용이란 잘못한 사람을 너그럽게 받아들이거나 용서한다는 의미예요. 관용을 베푸는 것은 결코 쉽지 않아요. 자신에게 잘못을 저지른 사람을 마음으로 용서하고, 그 사람을 받아들인다는 것은 보통 사람으로는 어려운 일이거든요.

친구가 내 얼굴에 상처를 냈다고 생각해 보세요. 얼굴에 난 상처가 아프고, 거울을 볼 때마다 화가 나면서 그 친구 얼굴이 떠오르겠지요? 그래요, 그것은 자연스런 감정이에요. 그러나 마음을 조금 열고, 그 친구를 이해해 보려고 노력해 보세요. 용서를 베풀어 보는 거예요. 그것이 곧 관용의 실천이랍니다.

요한 바오로 2세

264대 교황인 요한 바오로 2세는 폴란드에서 재봉사인 아버지와 교사인 어머니 사이에서 둘째 아들로 태어났어요. 요한 바오로 2세는 어릴 적부터 신앙심이 무척 깊었어요. 또한 병들고 가난한 사람들 돕기를 무척 좋아했지요. 58세에 교황으로 선출된 뒤, 118개에 이르는 지구상의 대부분의 나라를 방문하여 하느님의 뜻을 전하고, 그 곳 사람들을 축복했어요. 우리 나라에는 1984년에 방문하여 한국 천주교 200주년을 축하해 주었지요. 전 세계 사람들에게 존경과 사랑을 받았던 요한 바오로 2세는 84세를 일기로 숨을 거두었지요.

요한 바오로 2세는 살아 있는 동안, 종교 간의 대화에도 앞장섰어요. 특히 중세 이후 기독교가 다른 민족과 인종, 종교에 행했던 야만적인 침략과 탄압, 배척을 사과하며 세계 모든 사람들이 화해하자고 호소했어요.

실제로 요한 바오로 2세가 교황으로 있는 동안 세계는 이념을 놓고 대립하는 냉전 체제가 해체되었어요. 또한 그 동안 날카롭게 대립해 오던 기독교와 이슬람교 사이에도 대화가 활발해지기 시작했답니다.

큰 스승, 김수환 추기경과 법정 스님

얼마 전, 우리는 종교계의 큰 스승들을 잃었어요. 천주교의 김수환 추기경과 불교의 법정 스님이 바로 그분들이에요. 두 분은 종교가 달랐지만 서로의 종교를 인정했으며, 서로의 믿음을 바탕으로 많은 것들을 베풀었어요. 김수환 추기경은 각막을 기증해 앞이 보이지 않는 사람에게 밝은 빛을 주었고, 법정 스님의 글은 사람들의 마음을 움직였어요. 김수환 추기경이나 법정 스님은 죄를 지은 사람들도 관용의 마음으로 용서해야 한다고 했어요. 또한 우리 겨레의 화해와 민주주의 발전을 위해서도 평생 노력했답니다.

2. 세종대왕과 장영실의 신뢰

천민이 어때서? 실력 하나는 끝내주는걸!

세종 임금님은 내관과 시녀 몇 명만 데리고 경회루에 올라서서 아래쪽의 연못을 내려다보았어요. 그러면서 마음을 가라앉히려 했지만, 오늘 오전의 어전 회의를 생각만 하면 도로 가슴이 아프고 화가 났습니다. 어전 회의에 참석한 대신들이 한결같이 장영실의 흠을 잡아 궁궐에서 내칠 것을 요구했거든요.

경회루에서 내려온 세종 임금님은 주자소로 발걸음을 옮겼어요. 그 곳에서는 지금 이 순간에도 장영실을 비롯한 기술자들이 활자를 만들거나 여러 가지 새로운 물건들을 만들기 위해 애쓰고 있었지요.

주자소에 들른 세종 임금님은 신하들이 벌떡 일어서자 손가락을 입에 갖다 대며 조용히 하라고 명했어요. 신하들과 다른 기술자들이 임금님의 행차를 알아채고 일어서는 순간에도 장영실만은 아무것도 모른 채 무언가 만들던 것을 계속 주무르고 있었기 때문이에요.

임금님은 그 광경을 한참 동안 숨죽인 채 지켜보았습니다. 그렇게 한참을 지켜보자 문득 장영실은 무언가 알아낸 듯 손뼉을 힘껏 치며 자리에서 벌떡 일어났어요.

"그래 맞아. 바로 그거야!"

그때서야 장영실은 주자소 문 밖에 임금님이 서 계신 것을 알아챘지요.

"전하, 천한 것이 죽을 죄를 지었사옵니다. 전하께서 와 계신 것도 모르고 경망스럽게 군 죄를 벌하여 주옵소서."

장영실은 코가 땅에 닿도록 머리를 조아리며 말했어요. 그러자 세종 임금님은 인자한 웃음을 지으며 말했어요.

"허허, 그대의 노력이 참으로 가상하도다. 무릇 학문이든 일이든 자신의 몸과 마음을 다 바치면 어떤 일에도 흔들리지 않고 뜻하는 바를 이루는 법이니라. 네가 네 일에 몰두해 있는데, 임금이 온들 대수겠느냐?"

"전하, 황공하옵니다!"

장영실은 엎드린 채 큰 소리로 말했어요. 세종 임금님이 계속 말했어요.

"내 그대의 재능을 익히 알고 또 밤낮없이 노력하는 정성을 갸륵하게 여겨 명나라로 유학을 보낼 것이니라. 그리 알고 명나라에 가서 앞선 기술을 많이 배워 오너라."

세종 임금님의 명령이 떨어지자 장영실은 장영실대로, 신하들은 신하들대로 눈이 휘둥그레졌어요. 장영실은 미천한 자신이 명나라에 가게 된 사실이 꿈만 같았고, 반대로 신하들은 임금님의 지나친 처사에 놀라지 않을 수 없었던 거예요.

다음날, 아니나 다를까 어전 회의에 참석한 대신들은 더욱 큰 소리로 볼멘소리를 해댔어요.

"전하, 장영실같이 근본도 없고 배운 것도 없는 자가 어찌 명나라 같은 대국에 가서 기술을 배우겠습니까? 명나라 조정에

서는 형제의 나라인 우리 조선을 또 어찌 보겠사옵니까? 결단코 장영실을 명나라에 보내서는 아니 되옵니다."

신하들이 들고일어나 반대했지만, 세종 임금님의 결심은 흔들리지 않았어요.

"그대들이 학문에 뛰어나다면, 장영실은 손재주가 뛰어난 재능이 있는 것이오. 그런 재능은 신분이 귀하다고 해서 더 있고, 천하다고 해서 없는 게 아니오. 장영실을 보면 알 수 있는 것 아니오. 내 결심에는 변함이 없으니 내 뜻에 따라 장영실을 명나라로 보내 공부할 수 있게 하시오."

장영실은 사신들과 함께 명나라로 가서 앞선 문물과 기술을 배우기 시작했어요. 임금님이 모든 반대를 물리치고 보낸 만큼, 은혜에 보답하기 위해서라도 더욱 열심히 공부했답니다.

그리고 명나라에서 돌아온 장영실은 정초,

정인지 등의 도움을 받아 1433년 혼천의를 만들었어요. 혼천의는 하늘에서 일어나는 모든 일을 관측하는 천문 관측 기구로, 천문 자연 현상을 미리 알아내어 백성들의 생활에 도움을 주기 위해 만들어졌지요.

또한 1434년에는 해시계인 앙부일구와 그 이듬해에는 물시계인 자격루도 만들었어요. 그 동안 백성들은 시간을 잘 알 수 없어서 몹시 불편을 겪고 있었어요. 약속을 해도 정확히 지키기가 어려웠지요. 그런 백성들에게 해시계와 물시계는 참 편리한 발명품이었어요.

세종 임금님은 장영실의 공을 높이 사서 벼슬을 내리려고 했어요. 대신들은 이번에도 역시 반대의 목소리를 높였어요. 천한 노비 출신에게 벼슬을 줘서는 안 된다면서요. 그러나 세종 임금님은 대신들을 설득했어요.

"백성들의 생활을 편리하게 할 수만 있다면, 신분이 무어 그리 중요하단 말이오. 장영실이 편리한 도구

들로 백성들을 편안케 했는데, 내 어찌 모른 척한단 말이오?"

임금님의 말에 대신들은 아무 말도 할 수 없었어요.

그런 어느 여름날, 세종 임금님은 근심 어린 표정으로 거세지는 빗줄기를 바라보고 있었습니다. 해마다 이맘때쯤이면 장마철에 백성들이 피해를 입으면 어쩌나 걱정이 이만저만이 아니었지요. 그러다 문득 세종 임금님은 장영실을 떠올리고, 그를 불렀습니다.

"지금, 홍수로 말미암아 백성들이 큰 시련을 겪고 있도다. 비 피해를 줄이려면 비가 어느 정도 왔을 때, 어떤 일이 일어나는지 알아야 한다. 비의 양을 알아낼 수 있는 방법을 찾도록 하라."

장영실은 그 길로 주자소로 달려갔어요. 그 곳에는 활자를 만들던 고철들이 많이 있었지요. 장영실은 그 철을 녹여 원통형 그릇을 만들었어요. 철이 어느 정도 굳은 다음, 장영실은 그릇의 안쪽에 눈금을 새겨 넣었지요. 그렇게 하면 비가 얼마나 왔는지 측정할 수 있으니까요.

장영실은 마지막으로 돌을 네모나게 깎은 다음, 그 위에 원통모양의 그릇을 올려 놓았지요. 그렇게 해서 측우기가 만들어진 거예요.

측우기를 본 세종 임금님은 환히 웃으며 말했어요.

"허허, 그러면 그렇지. 그대가 해낼 줄 진작에 알고 있었노라. 그 이름을 측우기로 하라."

그렇게 세종 임금님은 한없는 믿음을 장영실에게 보냈어요. 장영실은 세종 임금님의 믿음에 어긋나지 않기 위해 온갖 노력과 정성을 다해 수많은 과학 발명품을 만들어 냈지요.

또한 세종 임금님은 장영실을 업신여기고 반대하는 신하들에게 넓은 마음으로 이해할 것은 이해하고, 받아들일 것은 받아들여야 한다고 말했어요. 말 그대로 사람을 사람 그 자체로 이해하고 받아들였던 것이지요.

세종대왕과 장영실의 우정은 어디까지였을까요?

조선 사회는 크게 양반과 평민으로 신분이 구별되는 사회였어요. 특히 조선 초기의 사회 분위기는 매우 엄격한 유교 질서를 바탕으로 한 사농공상의 질서를 무엇보다 중요시했답니다. 그런 만큼 경상도 동래부 관아의 노비였던 장영실을 궁궐로 불러들여 공부와 기술을 익히게 하고, 명나라 유학을 거쳐 벼슬길에까지 나아가게 한 세종대왕의 결정은 당시로서는 생각도 할 수 없었던 놀라운 결정이었지요.

당연히 신하들의 반대가 날이면 날마다 이어졌어요. 관직에는 과거를 보더라도 거의 양반 출신들만 나아갈 수 있는데다가 더욱이 궁궐에서의 관직은 자신들과 비슷한 신분이 아닌 사람은 도저히 받아들일 수 없던 것이지요. 게다가 평민도 아닌, 한낱 관아의 노비인 장영실을 말이에요.

그렇지만 세종대왕의 장영실에 대한 믿음과 너그러움도 신하들의 끊임없는 질시와 모함 속에 무너지고 말았어요. 1442년 장영실이 만든 임금님의 가마가 부서지는 사고가 난 거예요. 신하들은 그 죄를 물어 장영실을 호된 곤장질로 다스렸고, 이미 늙어서 기력이 쇠한 장영실은 장독을 이기지 못하고 세상을 떠나고 말았답니다.

안타깝지만 왕과 천민 출신 과학 기술자의 믿음과 너그러움의 관계는 여기까지였던 것이지요. 그들의 신분 차이는 끝내 넘어설 수 없는 것이었어요. 당시 사회가 신분 사회였기 때문에 어쩔 수 없다고도 할 수 있겠지만, 장영실이 벌을 받고 죽음에 이르는 것을 볼 수밖에 없었던 세종대왕의 마음은 또 어떠했을까요?

측우기의 발명

1441년에 조선에서 세계 최초로 발명된 측우기는 비가 온 양을 재는 기구예요. 측우기가 만들어지기 전에는 비가 내린 양을 정확히 알 수가 없었어요. 그렇기 때문에 농사를 지을 때 농민들의 어려움이 컸어요. 홍수가 나도, 가뭄이 들어도 제대로 막을 수가 없었지요. 그래서 세종대왕의 명령으로 장영실이 측우기를 만들었어요. 그리고 측우기를 서울과 각 도의 군현에 설치했어요.

측우기는 비가 올 때 집 밖에 세워 둔 원통에 빗물이 괴면 빗물의 깊이를 측정하는 것이에요. 예전보다 훨씬 과학적으로 비의 양을 잴 수 있었지요. 이탈리아에서는 1639년에, 프랑스에서는 1658년에, 영국에서는 1677년에 비의 양을 재기 시작했어요. 이에서 알 수 있듯이 조선의 측우기는 서양보다 무려 200년이나 앞선 과학 발명품이랍니다.

3. 포드에 대한 에디슨의 신뢰

자네는 할 수 있네!

헨리는 가난한 집안에서 태어나 늘 배고픔에 시달리는 아이였어요. 초등학교도 다 마치지 못하고, 어린 나이에 학교를 그만두어야 했지요. 어린 헨리까지도 돈벌이를 하지 않으면 식구들이 도저히 먹고 살 수가 없었어요.

마지막으로 학교 문을 나서던 날, 헨리는 눈물을 꾹 참으며 주먹을 불끈 쥐었습니다. 그리고 입술을 깨물며 다짐했지요. 돈을 많이 벌어서 꼭 훌륭한 일에 쓰겠다고요.

공장에 취직을 한 헨리는 아침부터 밤늦게까지 열심히 일했어요. 어찌나 열심히 일을 했는지, 가끔 사장이 자신을 눈여겨보고 있다는 것도 눈치 채지 못했지요. 나이도 어린 꼬마가 그토록 성실하게 일하는 모습은 사장뿐 아니라 다른 노동자들 눈에도 참 대견하게 보였어요.

그런데 헨리가 공장 일을 시작한 지 얼마 지나지 않았을 때예요. 어른들이 일하다가는 조금만 시간이 나면 끼리끼리 모여서 수군거리는 거였어요. 처음에는 그냥 흘려들었지만, 곧 무언가 회사와 사장에 대한 불만을 자기들끼리 주고받는 게 분명해 보였지요. 어떤 때는 아예 드러내 놓고 사장을 흉보고 험담을 늘어놓기까지 했답니다.

물론 어린 헨리가 보기에도 사장은 차갑기만 했고, 돈만 밝히는 사람이라고 소문이 나 있었지요. 혹독하게 일을 시키는 사장 때문에 그만 두는 사람들도 점점 늘어났어요.

게다가 알 수 없는 점은, 사장이 헨리에게 더더욱 차갑게 대한다는 것이었어요. 헨리는 다른 사람보다 더 성실했는데도, 월급도 다른 사람보다도 적게 주면서 더 많은 일을 시켰어요. 그러나 헨리는 개의치 않았어요. 헨리에게는 목표가 있었기 때문이에요.

밤잠을 자지 않으며 연구를 하던 어느 날, 헨리는 무언가 알아낸 듯 소리를 질렀어요.

"그래, 바로 이렇게 하는 거야."

헨리는 기쁨에 겨워 사장에게 한걸음에 달려갔어요. 사장이 아무리 차가운 사람일지라도 분명 칭찬을 해 줄 거라고 기대하면서요.

"이건 정말 형편 없군."

헨리에게 돌아온 것은 차갑게 내뱉은 사장의 한마디였지요. 그 순간 헨리의 기대는 와르르 무너졌어요. 마음에 상처를 입은 헨리는 그 동안 사장 밑에서 열심히 일했던 것조차 후회스러웠어요

"뭐라고요? 이제 더 이상 못 참아! 당신 밑에서는 일하지 않겠어요."

헨리는 그 길로 공장을 뛰쳐 나와 자신이 직접 작은 회사를 세웠어요. 큰 자본 없이 시작한 사업이라 열심히 일하는 방법밖에 없었어요. 그러나 사업 경험이 없던 헨리에게 곧 위기가 닥쳐 왔어요. 사업을 넓혀 나가던 중에 회사의 자금 사정이 어려워진 거예요.

"큰일이야. 이러다가는 회사 문을 닫을 수밖에 없겠어."

한 동안 고민을 하며 밤잠도 제대로 이루지 못하던 헨리에게 반가운 전화 한 통이 걸려 왔어요. 어느 투자가가 헨리의 회사를 도와주겠다는 전화였지요. 헨리는 기쁨에 겨워 그 사람이 누군지 물었어요.

"그 분은 자신을 알리고 싶어하지 않습니다."

헨리는 계속해서 고마운 그 사람의 존재를 알고 싶어 했지만 알지 못했지요. 그 덕분에 헨리의 회사는 어려움을 이기고 더욱 커 나갔어요.

회사가 어느 정도 어려움에서 벗어나자, 위기에서 도와준 그 사람을 찾아보기로 했어요.

몇 날 며칠을 알아본 끝에 그 투자자를 찾을 수 있었어요. 헨리는 그 이름을 알아내고는 당황해서 한 동안 멍하니 있었어요.

"세상에! 그럴 리가 없어."

그 사람은 바로 헨리가 뛰쳐 나왔던 회사의 사장이었던 거예요. 헨리는 당장 사장의 집으로 달려갔어요. 마침 사장은 집을 비운 상태였어요. 사장을 기다리기 위해 사장의 서재로 안내를 받은 헨리는 놀라운 것을 발견했어요. 그것은 여러 가지 글이 적힌 수첩이었어요.

헨리는 재능이 있다. 그러나 아직 끈기가 부족하다. 끈기를 길러 주기 위해서는 더 많은 일을 시켜야 한다. 그리고 상황을 더 어렵게 만들어야 한다. 그래야 그는 성공할 수 있다. 난 그의 능력을 믿는다. 그는 큰일을 할 수 있는 사람이다.

그리고 한 쪽 옆에는 그 동안 헨리의 월급에서 떼어 내 모은 돈으로 적금을 든 헨리 이름의 통장이 있었어요. 헨리는 그 자리에서 얼음처럼 굳어진 채 눈물만 흘릴 뿐이었지요.

사장이 집에 돌아오자 헨리는 그 자리에 무릎을 꿇고 흐느껴 울며 말했어요.

"당신은 역시, 훌륭한 분입니다."

사장은 따뜻한 눈으로 헨리를 바라보았어요. 그리고 손을 내밀어 헨리를 일으켜 세우며 말했어요.

"난 처음부터 자네가 잘해 낼 거라고 믿었네."

바로 그 사람, 헨리를 내쫓다시피 한 사장은 바로 에디슨이었어요. 그리고 헨리는 바로 자동차로 유명한 포드였어요.

그 후, 헨리 포드는 에디슨을 존경하며 따랐어요. 에디슨을 위한 박물관을 세워 에디슨의 업적과 뜻을 기렸지요.

헨리 포드는 늘 말했어요.

"에디슨의 믿음 덕분에 내가 이렇게 성공할 수 있었다."

자신의 어린 시절 고생이 있었기에 더욱 포드를 신뢰한 에디슨

에디슨은 전구, 축음기, 촬영기 등 1000여 종의 발명 특허를 쏟아 낸 발명왕으로 유명하지요. 에디슨은 전구를 발명해서 밤에도 낮처럼 생활할 수 있게 하는 등 인류의 삶을 크게 바꾸어 놓았어요.

에디슨은 어마어마한 돈을 벌었지만, 그런 그도 어린 시절에는 기차에서 신문을 팔아 생계를 이어가는 가난한 아이였어요. 비록 가난했지만 발명에 대한 꿈을 잃지 않고, 자신이 신문을 팔던 기차의 화물칸 안에 실험실을 차려 실험을 할 만큼 열심이었지요. 그러다가 기차 실험실에서 사고로 불이 났고, 이 일로 차장에게 심하게 얻어 맞아 청각 장애를 앓게 되었어요. 그러나 에디슨은 좌절하지 않고 더 열심히 연구에 몰두했답니다. 그는 성공을 하고 큰부자가 된 뒤에도 아침부터 밤까지 열심히 일하기로 유명했어요. 에디슨은 언제나 "나의 천재성은 1퍼센트의 영감과 99퍼센트의 땀으로 이루어졌다."고 말하곤 했어요.

아마도 에디슨은 성실하게 일하는 포드의 모습을 보며 자신의 어린 시절을 떠올렸고, 그래서 포드를 더욱 아꼈을 거예요.

포드와 자동차

포드는 최초로 자동차 공장을 세우고, 자동차를 대량 생산하여 오늘날의 자동차 시대를 연 사람이에요. 포드가 자동차 공장을 세우기 이전에, 자동차는 수공업자들이 일일이 손으로 만들어야 했어요. 당연히 많은 시간을 들여도 적은 수의 자동차밖에 만들지 못했고, 자동차 값은 엄청나게 비쌌겠죠. 그러나 포드가 자동차의 대량 생산 체계를 갖춤으로써 바야흐로 자동차 시대가 시작된 거예요.

게다가 포드는 합리적인 경영 방식과 산업 철학으로도 유명해요. 포드는 자신의 공장 노동자들에게 하루 최저 임금 5달러, 하루 노동 시간 8시간이라는 원칙을 세웠어요. 한 푼이라도 더 적은 돈으로 밤늦게까지 직원을 부려먹으려는 다른 공장주들에 비하면, 포드의 원칙은 정말 획기적인 것이었어요. 포드의 산업 철학은 생산 효율을 높이고, 그 결과 더 많은 물건을 만들어 더 싸게 판매하고, 그래서 더 많은 사람들에게 물건을 팔아 더 많은 이익을 남긴다는 것이지요.

또 포드는 말년에 포드 재단을 설립하여 공부를 하고자 하는 사람들에게 장학금을 지급했어요. 포드 재단은 지금까지도 학문 연구를 위한 후원을 계속하고 있어요.

4. 친구 사이의 믿음

친구는 꼭 올 거예요!

눈빛만 봐도 마음을 알 수 있는 두 친구가 있었어요. 호세와 일라라는 이름을 가진 친구였어요. 아래윗집에 사는 둘은 어디를 가도 같이 가고, 무슨 일을 해도 함께했어요. 좋은 물건이 있으면 서로 나누어 가지고, 맛있는 음식이 있으면 서로에게 양보했답니다. 두 친구는 그만큼 서로를 믿고 아꼈던 거예요.

어느 날, 두 친구는 시장에 물건을 팔러 갔어요. 몇 개의 산등성이를 지나니 좀 힘이 들었어요. 두 친구는 나무 그루터기에 앉아 잠시 쉬어 가기로 했어요.

"참, 저기 보이는 땅이 황제의 사냥터라네."

일라의 말에 호세는 호기심이 생겼어요.

"그래? 황제의 사냥터에는 어떤 것들이 있을까?"

"황제의 사냥터에는 아무도 들어가지 못한다고 하더군."

"그래? 그러니까 더욱 궁금해지는걸."

호세는 고개를 갸웃하며 '하하' 하고 호탕하게 웃었어요.

즐겁게 이야기를 나누던 두 친구는 다시 시장으로 향했어요. 시장에서 물건을 다 판 두 친구는 집으로 향하는 발걸음이 무척 가벼웠지요. 두 친구는 내일 만나자는 약속을 하고 각자의 집으로 들어갔어요.

다음날 일찍, 호세는 어머니의 생신 준비를 하다가 호기심이 발동했어요. 황제의 사냥터는 어떻게 생겼는지 궁금했기 때문이에요. 그래서 황제의 사냥터에 들어가 보기로 했어요. 몰래 숨어 들어간 곳에서 호세의 눈이 휘둥그레졌어요. 처음 보는 나무 열매며, 동물들이 많았기 때문이에요.

"이놈, 넌 누구냐?"

호세는 그만 황제의 사냥터를 지키고 있던 군사에게 붙잡히고 말았어요. 황제 앞으로 끌려온 호세는 두려움에 벌벌 떨었어요. 황제는 화가 나서 소리쳤어요.

"감히 황제의 사냥터에 들어오다니. 저 놈을 당장 처형하라."

호세는 두려움에 떨면서도 어머니의 생신상을 차려 드리지 못하고 죽어야 한다는 사실이 너무도 억울했어요. 그래서 죽더라도 마지막으로 어머니의 생신상을 차릴 수 있게 해 달라고 호소했어요.

"황제 폐하, 내일이 제 어머니의 생신입니다. 마지막으로 어머니의 생신상을 차려 드리고 오도록 허락해 주십시오."

폭군인 황제는 한참을 생각했어요. 그리고는 말했지요.

"그렇다면 네 놈 대신 누군가가 잡혀 있어야 한다."

호세는 곰곰 생각한 끝에 가장 친한 친구인 일라를 떠올렸어요. 황제가 말했어요.

"좋다! 네 친구가 너 대신 잡혀 있어 준다면, 네 부탁을 들어 주마."

황제의 명령을 받은 군사들은 서둘러 일라의 집으로 갔어요. 군사들로부터 자초지종을 들은 일라는 웃으면서 기꺼이 따라 나섰어요.

호세와 만난 일라는 환하게 웃으며 말했어요.

"어서 다녀오게. 내 걱정은 말고."

일라의 말에 호세는 눈물을 흘리며 고개만 끄덕일 뿐이었어요. 호세 대신 감옥에 들어간 일라는 호세가 오기만을 기다렸어요.

호세는 서둘러 집으로 향했어요. 집에 도착한 호세는 부지런히 어머니의 생신상을 준비했지요. 그리고 어머니가 맛있게 드시는 것을 보고 눈물을 흘렸어요. 큰절을 하고 나온 호세는 친구 일라가 있는 곳을 향해 서둘러 갔어요.

그러나 가는 길에 그만 도적 떼를 만나고 말았어요. 도적은 호세가 돈 한 푼 없다는 것을 알고는 화가 났어요. 그래서 나무에 거꾸로 매달았지요.

"제발 나를 풀어 주세요. 나는 지금 친구가 기다리는 곳으로 가야 합니다. 그렇지 않으면 나 대신 친구가 죽는단 말예요."

호세가 애원을 해도 도적들은 아랑곳하지 않고 가 버리고 말았어요. 시간은 자꾸 흘러 차츰 날이 저물어 갔어요.

감옥에 대신 갇힌 일라는 호세가 올 거라는 믿음으로 기다리고 있었어요.

"이런 어리석은 친구! 네 친구는 벌써 멀리 도망갔을 거야.

아무렴 목숨보다 친구가 중요하겠어?"

감옥을 지키는 군사들은 일라를 비웃었어요. 그러나 일라는 표정 하나 흐트러지지 않은 채 앉아 있었어요.

"쳇, 약속한 시간이 다 되어 가는군."

군사들은 일라를 감옥에서 끌고 나와 처형대에 세웠어요. 황제가 의자에 앉아서 일라를 보며 말했어요.

"자네는 친구도 잃고, 목숨도 잃는군."

그러나 일라는 끝까지 친구가 올 거라고 믿었어요. 한편으로는 친구 대신 목숨을 잃는 것도 괜찮다는 생각이 들었어요. 그래서 마음 속으로는 호세가 차라리 멀리멀리 도망가 주기를 바랐어요. 황제가 사형을 집행할 것을 명하자, 군사들이 자리를 잡고 섰어요.

그 때였어요. 호세가 옷이 다 찢기고 땀이 범벅이 된 채 헐레벌떡 뛰어왔어요. 일라는 안타까운 표정으로 속으로 외쳤어요.

'바보 같은 친구! 난 네가 올 줄 알고 있었지만, 정말 오다니. 그냥 멀리멀리 달아날 것이지.'

일라는 친구인 호세가 나타난 것을 보고는 안타까워하며 눈을 감았어요.

호세는 황제 앞에 나아가 머리를 조아리며 말했어요.

"이제 제 친구를 돌려보내 주세요. 약속한 대로 제가 처형대에 오르겠습니다."

황제는 두 친구의 우정과 믿음을 보고는 크게 감동했어요.

"허허, 너희 둘의 우정이 참으로 대단하구나. 너희의 우정을 보면서 나도 깨달은 바가 크도다. 내가 그 동안 얼마나 백성들을 괴롭혔는지, 우리 백성들이 얼마나 서로를 믿고 아끼며 살고 있는지 몰랐느니라. 사냥터에 좀 들어갔다고 죄를 씌워 처형하려 한 나의 잘못이 오히려 크구나."

황제는 그러면서 처형대에 묶인 일라를 풀어 주게 했어요. 그리고 두 친구에게 큰 상을 내렸어요.

그 뒤부터 황제는 백성들의 고통을 먼저 헤아리는 어진 황제가 되었답니다.

내 마음을 알아주는 친구 — 관포지교

중국 춘추 전국 시대에 관중과 포숙아라는 두 젊은이가 살았어요. 두 사람은 매우 친한 친구 사이였어요. 서로의 마음을 읽고, 어떠한 경우에도 믿음을 잃지 않았어요. 세상 사람들도 둘의 우정과 신뢰를 부러워했지요.

관중과 포숙아가 젊은 시절 장사를 한 적이 있었어요. 그런데 그 때 관중은 이익금을 자신이 더 많이 가졌어요. 그런데도 포숙아는 아무 말도 하지 않았어요. 관중이 가난하다는 것을 알고 있었기 때문이에요. 그 뒤로도 포숙아는 관중이 자신에게 피해를 입혔는데도 관중을 탓하지 않았지요.

나중에 관중이 말했어요.

"나를 낳아 준 사람은 어버이지만 나를 알아준 사람은 내 친구 포숙아입니다."

그 때부터 마음으로 깊이 사귀는 친구 사이를 '관중과 포숙아의 우정' 이라고 부르기 시작했답니다. '관포지교' 라는 한자어를 쓰기도 해요.

오성과 한음 — 몸은 둘이나 마음은 하나

한음 이덕형이 영의정, 오성 이항복이 좌의정을 지낼 때예요. 한음 이덕형은 외종사촌이 왕자인 임해군에게 죽임을 당하자, 선조에게 외종사촌의 억울함과 임해군의 잘못을 아뢰었어요. 그러자 선조는 화를 내며 그 자리에서 이덕형의 영의정 벼슬을 빼앗고 그 자리에 좌의정인 이항복을 앉히려고 했어요. 그러나 이항복은 높은 벼슬에 오르는 것을 기뻐하기는커녕 선조께 아뢰었어요.

"전하, 이덕형과 소신 이항복은 몸은 둘이나 마음은 하나입니다."

이 말의 의미는 이덕형의 말이 곧 자신의 말이라는 것을 말하려는 것이었어요.

그러자 선조는 더욱 화를 내며 이항복의 벼슬 역시 빼앗았지요. 그만큼 오성 이항복과 한음 이덕형의 우정은 깊었어요. 높은 벼슬보다 중요한 것은 두 사람의 우정이고 바른 뜻이었어요.

5. 박지성과 히딩크의 신뢰

지성, 넌 할 수 있어!

"지썽, 넌 할 수 있어!"

서툰 우리말로 소리치는 사람은 바로 한국 축구팀을 2002년 월드컵 4강까지 끌어올린 거스 히딩크 감독이에요. 히딩크 감독이 '지썽' 이라고 부른 선수는 영국의 프로 축구팀인 맨체스터 유나이티드에서 뛰었던 박지성 선수이고요.

히딩크 감독은 훈련이 끝나고 곁으로 다가온 박지성의 어깨를 두드리며 말했어요. 계속해서 꾸지람만 듣던 박지성 선수는 그제서야 축 늘어 뜨렸던 어깨를 펴고 고개를 들었어요. 그리고는 히딩크 감독을 바라보면서 씨익 웃었어요.

2002년 월드컵이 끝나고 히딩크 감독과 함께 네덜란드의 에인트호벤 구단으로 자리를 옮긴 박지성은 무척 힘들었어요. 경기 중에 다른 선수와 무릎을 부딪히는 바람에 무릎에 물이 차는 부상을 입었기 때문이에요. 운동장에 나가 뛸 때면 너무도 아프고 달릴 수도 없어서 자신의 능력을 제대로 발휘할 수 없었지요.

운동장을 날쌔게 쉼 없이 달리던 박지성에게는 무척 고통스러운 날들이었어요.

네덜란드 사람들은 들어 보지도 못한 낯선 아시아 선수가 공을 잡을 때면 '우우' 하며 야유를 보내곤 했어요. 박지성 선수는 마음처럼 몸이 움직이지 않는 탓에 무척 괴로웠지요. 야유와 비난 소리를 들을 때마다 박지성은 아픔을 참고 입술을 깨물며 달렸어요.

'난 할 수 있어.'

그렇게 다짐하는 박지성에게 큰 힘이 되어 주는 사람은 바로 히딩크 감독이었어요. 자신을 대표팀의 주전으로 뽑았을 뿐만 아니라 네덜란드에까지 데리고 온 고마운 사람이었거든요.

말이 제대로 통하지 않았지만 박지성은 히딩크의 눈에서 '지성, 넌 할 수 있어. 넌 대단해!' 하고 말하는 것을 느낄 수 있었어요. 그럴 때면 박지성은 힘을 내고 또 냈어요. 자신을 믿어 주는 부모님, 그리고 파란 눈의 히딩크의 믿음을 저버리지 않기 위해서였어요. 히딩크는 그렇게 박지성의 능력을 발견한 사람이었어요.

2002년 월드컵을 앞둔 어느 날이었어요. 우리 나라는 월드컵에서 좋은 성적을 거두기 위해서 네덜란드 출신의 거스 히딩크를 감독으로 뽑았어요. 뉴스에서는 매일 히딩크의 그 동안 월드컵 때의 성과를 보도했어요. 그러면서 우리 나라 국민들 모두 한국과 일본이 같이 개최하는 월드컵에서 좋은 결과가 나오길 바랐어요.

한편에서는 외국 사람에게 축구 국가 대표팀을 맡기는 게 말이나 되느냐는 볼멘소리도 있었어요. 그러나 우리 나라 사람을 감독으로 뽑으면 학교나 지역에 따른, 감독과 관계가 있는 선

수를 국가 대표로 뽑는 문제가 일어나고는 했어요. 그렇기 때문에 뛰어난 실력을 갖춘 선수도 대표팀에 뽑히지 못하는 일이 잦아 늘 문제가 되고는 했답니다.

히딩크는 먼저 대표 선수를 뽑기 위해 선수들을 운동장에 모이게 했어요. 그리고는 그만 뛰라고 할 때까지 운동장 트랙을 달리게 했어요. 선수들은 이를 악물고 뛸 수 있는 데까지 뛰었어요. 운동장을 달리는 선수들은 하나둘 지쳐 갔어요. 그러나 키가 작고 몸이 왜소한 박지성은 90분이 넘게 달리고 또 달렸어요. 땀이 비 오듯 쏟아졌고, 숨이 컥컥 막혀 왔지만 멈추지 않았지요.

그런 박지성을 히딩크 감독은 유심히 살폈어요. 박지성은 평소에도 한결같이 열심히 훈련했어요. 히딩크 감독은 곧 박지성을 국가 대표 선수로 뽑았지요.

"저 선수는 이름도 없는 선수인데?"

축구 관계자들은 처음에는 의아해 했어요. 그리 알려지지도 않은 선수를 대표팀에 뽑은 히딩크를 이해할 수 없었지요. 그러나 히딩크는 박지성의 숨은 능력을 믿고 있었어요. 박지성도 히딩크의 믿음을 알고 있었고요.

훈련에 훈련을 거듭하는 동안에도 박지성은 성실히 따라 주었어요. 중고등 학생 때부터 연습벌레로 소문난 박지성답게 언제나 최선을 다했지요. 그런 모습에 히딩크는 흐뭇해 했어요.

드디어 2002년 한일 월드컵!

주전으로 운동장에 나선 박지성은 운동장 곳곳을 헤집고 다녔어요. 지치지 않는 박지성의 체력과 끈질긴 노력의 결과가 월드컵이라는 세계 최고의 축구 무대에서 펼쳐졌지요.

"슛 골인!"

끊임없이 골문을 엿보던 박지성이 드디어 골을 터뜨렸어요. 조별 예선 마지막 경기인 유럽의 축구 강호 포르투갈과의 경기에서 승부를 결정짓는 골을 박지성이 터뜨린 거예요.

박지성은 공이 그물을 흔드는 것을 확인하자마자 달렸어요.

바로 아무도 자신을 알아봐 주지 않았지만, 꼭 한 사람, 자신을 알아봐 준 히딩크를 향해서였지요.

박지성은 히딩크 감독의 품을 향해 껑충 뛰어올라 안겼어요. 그 모습에 박지성의 골에 환희에 젖어 있던 모든 사람들은 뭉클한 감동을 느끼며 눈시울이 붉어졌어요. 파란 눈의 히딩크 가슴에 안긴 까만 눈의 박지성의 모습은 인종이나 민족을 떠나 스승과 제자로서의 믿음이 듬뿍 담긴 감동 그 자체였지요. 히딩크 감독의 믿음에 박지성은 보답을 한 거예요.

2002년 한일 월드컵은 한국 축구 국가 대표팀이 월드컵 참가 사상 최고의 성적인 4강 진출이라는 화려한 성적을 거두며 막을 내렸어요.

월드컵이 끝나자 히딩크 감독은 네덜란드의 유명한 프로 축구팀인 PSV 아인트호벤의 감독이 되었어요. 박지성도 히딩크를 따라 아인트호벤의 선수가 되었지요. 그러나 그 곳에서의 적응 과정은 훨씬 힘겨운 시간이었요. 그러나 노력하는 박지성이었기에 얼마 후, 축구 선수 모두의 꿈인 잉글랜드 프리미어 리그 프로팀에 당당히 입단하기에 이르렀답니다.

피파 월드컵 대회

4년마다 열리는 월드컵은 세계 모든 나라가 지역 예선을 거쳐 본선을 치르는 세계 최대의 축구 대회이자, 올림픽 대회에 버금가는 세계 최대의 체육 행사예요. 1930년, 남아메리카에 있는 우루과이에서 첫 대회가 열렸고, 제2차 세계대전이 벌어진 시기를 빼고는 4년마다 열렸어요. 2002년에는 우리 나라도 일본과 함께 제17회 월드컵 대회를 성공적으로 치뤄 냈지요. 그 대회에서는 우리 축구 대표팀이 4강까지 오르는 놀라운 성적을 거두었답니다. 그보다 앞서 북한은 이미 1966년 런던 월드컵에서 8강에 오르는 성적을 거두기도 했고요.

이 월드컵 축구 대회는 세계 모든 나라가 갈등과 전쟁 대신 재미있고 감동적인, 그리고 누구나 함께 어울릴 수 있는 축구를 통해서 서로 이해하고 화해하며 함께 평화로운 세상을 만들자는 목표가 담겨 있답니다.

세계를 하나로 모으는 월드컵

월드컵은 세계 축구 협회인 '피파'가 주관하는 축구 대회에서 우승한 나라에게만 주어지는 우승컵이에요. 지금까지 월드컵을 차지해 본 나라는 1회 대회 때의 우루과이를 비롯해서 브라질이 5회, 이탈리아 4회, 독일 3회, 아르헨티나 2회, 영국과 프랑스가

각각 한 차례씩이에요.

특히 처음에 만들어진 월드컵인 줄리메컵은 60년대 말부터 70년대 중반까지 브라질이 세 차례 우승하면서 영구히 브라질 것이 되었어요. 줄리메컵은 줄리메라는 사람이 만들어 기증해서 그의 이름을 따서 지어진 이름이에요. 그 바람에 새로 만들어진 우승 트로피인 월드컵이 바로 '피파 월드컵' 으로, 피파가 직접 만들어 우승한 나라에게 다음 월드컵이 열릴 때까지 보관하게 하고 있답니다.

멘토와 멘티

요즘은 멘토(가르침을 주는 사람)와 멘티(배우고자 하는 사람)의 관계로 맺어진 사람들을 많이 볼 수 있어요. 인생을 먼저 살아온 나이 많은 사람이 멘토가 되어 젊은 사람을 이끌어 주고, 어떤 지식에 대해 많이 알고 있는 사람이 지식이 부족한 사람에게 가르침을 주기도 하고요. 이때, 멘티만이 멘토에게 배우는 것이 아니에요. 멘토는 멘티를 통해서 자신의 지난날을 되돌아보게 되는 거예요. 자극도 받고요.

6. 링컨의 관용

잘해 봅시다

미국의 16대 대통령인 링컨은 집안이 가난했기 때문에 어린 시절 아주 어렵게 지냈어요. 통나무집에서 살면서 먹을 것을 제대로 먹지 못했고, 학교 교육도 제대로 받지 못했어요.

그 대신 장작을 패는 일, 밭을 일구는 일, 우유 짜는 일 등 아버지를 도와 일을 해야 했어요. 그러면서도 어머니에게서 글을 배워 책읽기를 즐겼지요. 링컨에게는 좋은 독서 습관이 있었어요. 책을 읽을 때, 좋은 문장이나 감동을 주는 글이 있으면 수첩에 적어 놓았어요. 그리고는 시간이 날 때마다 읽고 또 읽어 자기 것으로 만들었어요.

링컨은 이렇게 학교를 제대로 다니지 못했지만, 문학 서적과 법률과 관련된 책을 많이 읽었어요. 그 덕분에 변호사 시험에 합격할 수 있었지요. 변호사가 된 링컨은 어려운 사람을 위해 일했어요. 그것을 못마땅하게 여긴 스탠리라는 사람은 링컨에게 고약한 말을 했어요.

"링컨은 교활한 어릿광대, 고릴라다. 고릴라를 구경하려면 아프리카로 가지 말고 일리노이 주 스텐필드로 가라. 거기에 가면 아브라함 링컨이라는 고릴라를 만날 것이다."

그 말을 전해 들은 링컨은 아무 말 없이 한참 동안 생각에 잠겼어요. 주위 사람들은 스탠리를 혼내 주자고도 했지만 링컨은 아무 말도 하지 않았지요. 링컨은 주의원과 시의원을 거쳐 대통령 선거에 나가게 되었어요.

대통령 선거에 출마한 링컨은 열심히 선거 운동을 했어요. 스탠리의 고약한 말은 계속되었지만, 아무 일 없었다는 듯이 선거 운동을 했지요.

링컨이 대통령에 당선된 뒤에도 스탠리의 고약한 말은 끊이질 않았어요.

"링컨이 대통령에 당선된 것은 국가적인 재난이다."

링컨의 참모들은 스탠리를 불러 당장 혼을 내야 한다고 주장했어요.

그러던 어느 날, 링컨은 참모 한 사람에게 스탠리를 불러 오라고 했어요. 참모는 이제야 스탠리에게 혼을 낼 거라는 기대를 하며 스탠리를 데리러 갔지요. 링컨 앞에 선 스탠리는 링컨

을 똑바로 보지 않았어요. 링컨은 스탠리를 천천히 바라보았어요.

"스탠리, 당신에게 중요한 말을 하고 싶소."

스탠리는 링컨의 말을 귀담아 듣지 않았어요.

"스탠리 당신에게 국방장관을 맡기고 싶소. 나를 도와 일을 잘해 주길 바라오."

스탠리는 당황하지 않을 수 없었어요. 자신에게 고약한 말이나 일삼은 사람에게 장관이라는 직위를 준 것을 이해할 수 없었지요.

"저, 무슨 말씀을……."

링컨은 얼굴색이 하나도 변하지 않은 채 다시 말했어요.

스탠리는 그 자리에 주저앉았어요. 링컨은 자리에서 일어나 스탠리를 일으켜 세우며 말했어요,

"당신만이 국방장관이 될 수 있습니다."

스탠리는 링컨의 말에 자신의 잘못을 크게 뉘우쳤지요.

얼마 뒤, 링컨이 스탠리를 국방장관으로 임명하자 주위 사람들은 링컨의 결정을 말렸어요.

"스탠리는 안 됩니다."

그러자 링컨이 말했어요.

"그 자리는 그 사람이 맡아야 합니다. 사명감이 분명하거든요."

링컨의 말에 사람들은 머리를 갸웃하기도 하고 끄덕이기도 했어요.

링컨은 평소 자주 이렇게 말했어요.

"적을 없애는 가장 좋은 방법은 적을 당신의 친구로 만드는 것입니다."

링컨은 스탠리를 국방장관으로 임명함으로써 적을 없애고, 능력 있는 사람의 도움을 받을 수 있다며 매우 좋아했지요. 링컨은 자신을 욕한 사람도 용서할 줄 아는 넉넉한 마음을 지니고 있었던 거예요. 스탠리는 국방장관으로 있는 동안, 링컨의 노예 해방 정책을 최선을 다해 도왔어요.

노예 해방을 실천한 어느 날, 링컨은 극장에서 총탄에 맞고 쓰러졌어요. 스탠리는 쓰러진 링컨을 부둥켜안고 소리쳤어요.

"여기, 가장 위대한 사람이 누워 있습니다."

링컨의 죽음을 가장 슬퍼한 사람은 스탠리였어요. 스탠리는 늘 말했어요.

"내가 가장 존경하는 인물은 바로 링컨입니다."

노예 해방과 강대국 미국

1861년 미국 제16대 대통령으로 당선된 링컨은 노예 제도 반대주의자였어요. 링컨과 공화당을 반대하는 남부 11개 주는 합중국에서 탈퇴하고 노예 제도를 유지하였지요. 노예 제도로 마찰이 생긴 남북 사이에 전쟁이 일어나게 되었어요. 그 동안 미국은 민주주의가 발전하고 영토도 넓어졌지만, 남쪽은 대농장의 발달로 노예 제도가 있었어요. 그리고 북쪽은 상공업의 발달로 자유 노동이 필요했지요. 노예 제도를 반대하는 링컨 대통령이 당선되자, 남북 전쟁이 일어난 거예요. 처음에는 남부가 이기는 것 같았지만, 노예로 있던 흑인들도 북부에 가세해 결국 북부가 이기게 되었지요.

1862년 9월 22일, 링컨 대통령은 선언문을 발표했어요. 현재 미국에 있는 모든 노예들은 1863년 1월 1일부터 모두 자유로운 삶을 살 수 있다는 거였지요. 그리고 2년이 지나 1865년 4월 9일, 남북간의 오랜 싸움도 끝을 맺게 되었어요.

이렇게 해서 미국은 국민의 힘이 하나로 합쳐지고 경제적으로 발전하게 되었어요. 그리고 강대국으로 성장하게 되었답니다.

민중의, 민중에 의한, 민중을 위한 정치

미국 남북 전쟁이 한창이던 1863년 11월19일, 링컨은 펜실베

이니아 주 게티스버그를 방문했어요. 전쟁에서 죽은 군인들의 묘지에 헌화하기 위해서였어요.

그 날, 링컨은 2분밖에 안 되는 짧은 연설을 했어요. 그 연설 속에는 “민중의, 민중에 의한, 민중을 위한 정치”라는 유명한 구절이 담겨 있었어요. 그것은 정치는 민중의 것이며, 민중이 투표로써 자신의 의사를 밝히고, 오로지 민중을 위하는 정치를 한다는 뜻이지요.

그 연설은 링컨에 앞서서 두 시간 동안 연설을 했던 유명한 웅변가의 연설보다도 사람들에게 깊은 인상을 남겨 주었지요. 이 말은 민주주의를 뜻하는 대표적인 구호로 수많은 나라의 정치가들이 즐겨 사용하고 있답니다.

미국의 남부는 왜 노예 제도를 원했을까요?

남부 사람들은 주로 농사를 짓고 살았어요. 넓은 농장에서 면화를 비롯한 온갖 농사를 지으려면 일손이 필요했지요. 그래서 생각한 것이 아프리카에서 끌고 온 흑인 노예들을 부리는 거였어요. 품삯을 조금 주거나 아예 일에 대한 대가를 지불하지 않으면서 힘들고 고된 일들을 시켰지요. 당시 미국 남부의 백인들은 농사일을 도맡아하던 노예들이 없으면 당장 자신들의 생활에 큰 피해가 생기기 때문에 노예 해방을 반대했던 거예요.

7. 사랑과 관용

하늘에서 손자가 웃고 있어요!

햇살이 따뜻한 오후였어요. 할머니는 형진이에게 줄 수제비를 끓이고 있었어요. 학교에서 급식을 먹고 오는 형진이었지만, 한창 크는 때인지라 늘 배고파했거든요. 할머니는 멸치 국물을 내고, 감자와 양파를 큼지막하게 썰어 넣고 반죽한 수제비를 뚝뚝 떠서 넣었어요.

"할머니, 할머니!"

형진이가 대문에 들어서면서 할머니를 찾았어요.

"할머니, 나 오늘 받아쓰기 시험 백 점 받았어요."

형진이는 한 달음에 집 안으로 달려 들어와 할머니에게 안겼어요.

"내 손자가 또 백 점 받았어? 기특한 것!"

할머니는 형진이의 머리를 쓰다듬었어요. 할머니의 주름진 입가에 환한 웃음이 피어났지요.

“우리 손자가 좋아하는 수제비다. 얼른 먹거라.”

형진이는 한 그릇을 단박에 뚝딱 먹어 치웠어요.

“형진이가 백 점 받았으니 할미가 선물 사 줘야겠다.”

할머니는 지갑을 열어 돈을 꺼냈어요. 그러자 형진이는 할머니 어깨를 토닥토닥 주무르며 도리질을 쳤어요.

“할머니, 그 돈으로 할머니 친구들이랑 맛난 거 사 드세요.”

할머니는 고사리 같은 형진이의 손을 꼭 잡으며 말했어요.

“우리 손자가 언제 이렇게 다 컸누? 이 할미가 우리 손자 장가갈 때까지 살아야지.”

그러자 형진이가 말했어요.

“피, 더 오래 살아야지. 할머니는 저하고 헤어지면 좋아요?”

할머니는 흐뭇하게 웃으며 형진이를 꼭 안아 주었어요. 할머니는 뒤늦게 얻은 손자가 무척이나 사랑스러웠어요. 엄마 아빠가 맞벌이 부부였기 때문에 형진이는 할머니 손에 키워졌어요. 아장아장 걸을 때도 형진이 옆에는 할머니가 있었어요. 유치원에 들어갈 때도, 초등학교에 입학할 때도 말이에요. 할머니하고 다녀도 형진이는 불평 한 마디 한 적이 없었어요. 할머니 말씀을 잘 들었고, 할머니를 무척 따랐어요.

그러던 어느 날이었어요. 모처럼 휴가를 낸 형진이 엄마는 형진이를 데리고 여의도로 향했어요.

"조심해서 다녀오너라. 엄마 손 꼭 붙잡고."

할머니가 당부하고 또 당부했어요.

모처럼 엄마와 놀러 나온 형진이는 신이 났어요.

여의도의 넓은 광장에서 자전거를 타는 형진이의 이마에 땀이 송골송골 맺혔어요.

"엄마, 나 좀 봐요! 나 잘 타지요."

엄마는 손을 흔들며 활짝 웃었어요.

그때였어요.

"부릉부릉, 부아앙."

눈 깜짝할 새였어요. 공원이 되기 전의 드넓은 여의도 광장 한복판에 들어와서는 안 되는 차량이 서 있고, 곳곳에 사람들이 쓰러져 있었어요.

"형진아, 안 돼."

형진이 엄마는 미친 듯이 소리치며 달려갔어요.

"형진아, 형진아!"

구급차가 달려왔고, 엄마는 형진이를 부둥켜 안고 넋이 빠진 채 울부짖을 뿐이었어요.

사고 소식을 들은 형진이 가족들은 모두 병원으로 왔어요. 하얀 천이 작은 형진이의 몸을 덮는 순간,

가족들은 모두 울부짖었어요. 할머니는 그 자리에서 쓰러져 정신을 잃고 말았어요. 시간이 얼마나 흘렀을까요? 정신을 차린 할머니가 소리 질렀어요.

"도대체 누가, 왜, 그 어린 것을!"

할머니의 눈에서는 눈물이 주르륵 쉴 새 없이 흘러 내렸어요. 할머니는 그 사람을 용서할 수가 없었어요. 당장이라도 만나 우리 손자를 살려 내라고 멱살을 잡고 싶었어요. 손자를 그 곳에 데리고 간 며느리가 미웠어요.

손자를 묻고 오던 날, 할머니는 결코 그 사람을 용서하지 않겠다고 다짐하고 또 다짐했어요. 그 날부터 할머니와 가족들의 생활은 엉망이 되었지요. 모두들 정신을 놓고 지내는 것 같았어요. 서로에게 말 한 마디 건네지도 않았고, 웃음이 사라진 지 오래였어요.

할머니는 잠도 잘 수 없었어요. 잠이 들었다가 깨고, 또 깨는 것을 되풀이했기 때문에

깊은 잠을 잘 수 없었어요.

그러다가 할머니는 쓰러지고 말았어요. 그 순간, 할머니 눈 앞에 형진이가 밝게 웃으며 서 있었어요.

"할머니, 그 아저씨를 용서해 주세요."

며칠 동안 정신을 잃었던 할머니가 깨어나자 가장 먼저 손자를 해친 사람을 찾아 나섰어요.

감옥에 있는 그 사람은 아주 젊은 남자였어요. 할머니를 본 그 남자는 벌벌 떨었어요. 자세히 알아보니 그 젊은이는 눈도 잘 안 보이고 자란 환경이 매우 불우했어요.

‘저 젊은이도 사랑을 많이 받고 자랐으면 이런 일을 저지르지 않았을 텐데…….’

결코 용서하지 않겠다던 마음도 서서히 녹기 시작했어요.

그 사람으로 말미암아 행복하던 가정이 산산조각 났지만, 할머니는 젊은이를 불쌍하게 여기게 되었어요. 젊은이의 죄를 용서해 달라고 정부에 탄원을 했어요.

그러나 얼마 안 돼 아들과 며느리마저 형진이를 잃은 슬픔을 이기지 못하고 하늘나라로 떠나자 할머니의 마음이 또 닫혔어요. 용서와 미움이 할머니 마음 속에서 왔다 갔다 했지요.

그러나 할머니는 꿈 속에 나타났던 형진이를 떠올렸어요. 할머니는 젊은이를 다시 찾아갔어요. 젊은이는 할머니 앞에서 빌고 또 빌었어요. 할머니는 젊은이의 손을 꼭 잡으며 말했어요.

“다 용서했어요. 우리 손자가 젊은이를 용서하랍니다.”

할머니의 말에 젊은이는 울고 또 울었어요.

젊은이를 용서하고 나오는 할머니의 등 뒤로 따뜻한 햇살 한 줌이 살그머니 내려와 앉았어요. 형진이가 환하게 웃으면서 말이에요.

기적을 만든 사랑 - 장애는 조금 불편할 뿐이지요.

장애를 딛고 일어난 강영우 박사 이야기예요.

강영우 박사는 중학교 2학년 때 축구공에 눈을 맞아 앞이 보이지 않게 되었어요. 강영우 박사의 어머니는 아들이 장님이 된다는 사실에 너무 놀라 돌아가시고 말았지요. 그리고 얼마 뒤 누나마저 세상을 뜨고 말았어요.

그러나 강영우 박사는 슬픔에만 젖어 있지 않았어요. 아침부터 밤늦게까지 열심히 일하고 공부했어요. 그래서 몸이 건강한 사람도 들어가기 어렵다는 유명한 대학에 들어갔지요. 대학에 들어가서도 열심히 공부해서 미국 유학도 가게 되었어요. 피나는 노력으로 미국에서 교육 철학 박사 학위를 받고 노스이스턴 일리노이 주립 대학의 교수가 되었답니다. 강영우 박사가 교수가 될 수 있었던 것은 부인의 공이 컸습니다. 부인은 아무도 관심을 가지지 않았던 장애인 강영우 박사에게 사랑과 희생을 베풀었어요. 강영우 박사는 아내의 그런 희생과 정성을 잊지 않고 뜻하던 바를 이룬 것이에요.

낚시하는 방법을 가르쳐라

자녀를 진심으로 사랑한다면 강하게 키우는 것이 아주 중요하지요. 이 말에는 아이가 해 달라는 것을 다 해 줘 아이를 편하게 해 주는 것보다는 스스로 할 수 있도록 방법을 가르쳐 주라는 뜻이 담겨 있어요.

이 이야기는 《탈무드》에 나와요. 탈무드는 유대인의 정신적, 문화적인 유산으로 유대인들은 어릴 적부터 《탈무드》라는 책을 읽고 또 읽지요. 그 속에는 많은 가르침이 있기 때문이에요. 《탈무드》는 '랍비'라는 유대인의 율법학자가 역사, 종교, 도덕, 전통, 역사 등의 내용을 알기 쉽게 이야기하고 있지요. 사람들은 《탈무드》의 풍부한 이야기 속에서 사랑, 지혜, 희망, 정직, 행복 등 살아 가면서 꼭 필요한 깨달음을 얻는답니다.

더불어 사는 세상이 아름다워요

요즘에는 옛날과 달리 '아이를 많이 낳자.'는 말을 많이 해요. 2000년대에 들어와서 가족 관계를 보면 형제나 남매가 있는 친구들이 많지 않아요. 어떤 집들은 하나뿐인 자식이라고 귀하게 여기며 무조건 감싸기만 하는 교육을 하고 있어요. 그럴 경우 자칫 어른이 되어서도 자기만 알고 남의 피해와 고통, 불편을 모르는 사람이 될 수 있어요. 내 손톱에 낀 가시도 아프지만, 남의 손가락이 부러진 모습을 보고 가슴 아파하는 마음, 참으로 사람다운 마음가짐이랍니다.

8. 빌 게이츠에 대한 신뢰

당신에게 맡겨요!

2006년 6월 어느 날, 미국을 비롯한 온 세계의 신문과 방송에는 한 사람에 관한 기사가 유독 크게 자리를 잡았어요.

"워런 버핏, 약 310억 달러를 빌 게이츠가 운영하는 '빌 앤 멜린다 게이츠 재단' 에 기부!"

당시에 세계에서 첫 번째와 두 번째로 돈이 많은 빌 게이츠와 워런 버핏의 이야기로 떠들썩했던 거예요.

2006년 6월 26일, 뉴욕 시립 도서관에서 열린 기부 관련 기자 회견에는 신문이나 방송 기자들로 들끓었어요.

워런 버핏에게 기자들의 질문이 쏟아졌어요.

"워런 버핏 씨가 운영하는 자선 단체도 있지 않습니까? 왜 빌 게이츠 재단에 재산을 내놓았습니까?"

웅성이던 기자들은 쥐 죽은 듯이 입을 다물었어요.

워런 버핏이 무슨 말을 할지 모두들 궁금했기 때문이에요.

"나보다는 빌 게이츠 씨가 어려운 사람들에게 더 많은 도움의 손길을 줄 수 있을 것 같아서입니다."

워런 버핏의 대답은 아주 간단했어요. 그 말에 기자들은 고개를 끄덕이기도 하고, 갸우뚱하기도 했어요.

"내 모든 것을 바쳐 번 돈을 난 어느 누구에게도 맡길 수 없습니다. 내가 오직 믿을 수 있는 사람은 빌 게이츠밖에 없습니다."

워런 버핏은 빌 게이츠 부부의 성실함과 능력을 깊이 믿고 있었던 거예요. 그렇기 때문에 자신의 재산을 빌 게이츠에게 맡길 수 있었어요. 그런 워런 버핏에게 빌 게이츠는 진심으로 감사의 마음을 전했어요.

"워런 버핏 씨의 뜻에 따라 좋은 일에 쓰도록 하겠습니다. 저 역시 마이크로소프트의 성공과 더불어 많은 부를 쌓았습니다. 이 부를 사회에 돌려주어야 할 책임이 있습니다."

빌 게이츠는 2008년부터는 그 동안 자신이 배운 성공의 방법을 자선 재단에 적용해 볼 것이라는 뜻을 밝혔어요. 그 자리에 모인 사람들은 모두 두 부자에게 박수를 보냈어요.

워런 버핏과 빌 게이츠는 25년이나 나이 차이가 나요. 나이 차이가 많이 나는데도 20년 가까이 그들은 우정을 쌓아 오고 있었어요.

어느 날 일만 하는 빌 게이츠에게 어머니는 한 모임에 참석할 것을 권했어요. 그러나 빌 게이츠는 그 모임이 자신과 다른 일을 한다는 생각에 모임에 참석하기를 꺼렸지요. 빌 게이츠는 몇 번이고 계속되는 어머니의 부탁으로 참석한 자리에서 워런 버핏을 만나게 되었어요. 워런 버핏은 빌 게이츠가 그 동안 생각했던 사람이 아니었어요.

금융 쪽에만 관심이 있을 거라고 생각했던 워런 버핏이 빌 게이츠가 일하는 컴퓨터 쪽에도 깊은 관심이 있다는 사실을 알게 되었지요. 처음 만난 날, 빌 게이츠는 워런 버핏에게서 많은 가르침을 얻었어요.

"세계적으로 빈곤과 경제적 불평등으로 많은 사람들이 어려움을 겪네."

워런 버핏의 말에 빌 게이츠는 고개를 끄덕이며 느끼는 것이 많았어요.

성공한 변호사 아버지를 두고 부유한 생활을 했던 빌 게이츠는 어려움 없이 자랐어요. 그렇기 때문에 형편이 어려운 사람들이 겪는 고통스런 삶을 잘 모르고 있었지요. 그러나 워런 버핏과 많은 대화를 함으로써 자선이 필요한 이유에 대해 깊이 이해할 수 있었던 거예요.

그 뒤, 빌 게이츠는 사업상으로 가난한 나라를 여행할 때, 그 나라의 어려움에 대해 많은 관심을 기울이게 되었어요.

한 번뿐인, 겉치레 자선 활동이 아니라 진심으로 자선 활동을 하는 빌 게이츠의 모습을 보고 워런 버핏은 그를 신뢰하게 되었지요.

두 사람은 자주 만나 여행을 하기도 하고, 사업에 대한 의견을 나누어 가지기도 했어요. 그렇게 우정을 쌓아 가면서 워런 버핏과 빌 게이츠는 훌륭한 일을 하게 된 거지요.

굳건한 신뢰가 힘들게 일해서 모은 재산을 맡길 수 있도록 한 거예요.

두 사람은 많은 점이 다르지만 같은 점이 있어요. 그것은 사람에 대한 신뢰를 무엇보다도 중요하게 여긴다는 거지요. 그 예로 사업을 시작했을 때부터 같이 일했던 친구들과 지금까지도 일하고 있다는 거예요. 신뢰로 쌓인 우정은 정말 굉장한 힘을 발휘한답니다.

빌 게이츠

빌 게이츠는 개인용 컴퓨터 소프트웨어 분야에서 최고인 마이크로소프트 사의 회장이에요. 마이크로소프트는 전 세계 48개 나라에 2만여 명의 사람들이 일을 하는 기업이죠. 그런 마이크로소프트를 만든 빌 게이츠는 미국에서 가장 존경받는 기업인으로 꼽히고 있어요. 검소한 생활 태도와 자선 사업을 많이하는 사람으로, 미국뿐 아니라 세계로부터 존경을 받고 있어요.

빌 게이츠는 열세 살에 처음으로 개인용 컴퓨터를 접했어요. 그리고 하버드 대학에 들어가서 평생의 친구인 스티브 발머를 만나 본격적인 컴퓨터 언어를 개발하게 되었어요.

그리고 대학 2학년 때인 1975년에는 폴 알렌과 함께 회사를 세웠어요. 연구를 할 때마다 실패의 반복이지만, 성실히 연구하여 마이크로소프트 사를 성공적인 기업으로 만들었답니다.

빌 앤 멜린다 게이츠 재단

'빌 앤 멜린다 게이츠 재단'은 마이크로소프트 사를 세운 빌 게이츠와 그의 아내인 멜린다 게이츠가 세웠어요. 이 재단에서 하는 일은 여러 가지예요.

첫째, 세계의 모든 가난한 사람들이 의료 혜택을 받을 수 있게 도와주는 일을 해요. 특히 암과 함께 현대 의학으로도 아직 고치지 못하는 에이즈와 같은 병을 고치는 치료법이 개발될 수 있도록 질병을 연구하고, 치료법을 개발하는 데 도움을 주고 있어요.

둘째, 좋은 교육 환경을 만드는 일에 앞장서요. 특히 교육의 질을 높이고 인종 차별을 비롯한 여러 가지 교육 현장의 문제를 해결하려는 노력에 도움을 주고 있어요.

셋째, 미국 시민 누구나 도서관을 이용할 수 있게 공공 도서관의 수를 늘리고 도서관 시설 개선 사업에도 도움을 주지요.

넷째, 어린이 조기 교육을 비롯한 각종 학문의 발전을 위해 많은 연구비를 지원해요. 자연 과학 분야뿐 아니라 인문 사회 과학 분야 지원도 함께 이루어지지요.

빌 앤 멜린다 게이츠 재단은 게이츠 부부의 노력과 정성이 매우 크고 세계가 그 공로를 인정하지만, 재단에서 일하는 직원들과 봉사자들, 수많은 지지자들의 업적과 공로도 함께 평가받는 대표적인 재단이랍니다.

빌 앤 멜린다 게이츠 재단 홈페이지 주소 ; http://www. gatesfoundation.org

9. 만델라의 관용

피부색이 다르다고요?

남아프리카 공화국에서 태어난 어린 만델라는 피부색이 다르다는 이유로 차별을 받아야 하는 자신의 현실이 몹시 슬펐어요. 남아프리카 공화국에는 백인과 흑인이 살고 있는데, 백인 지배자들은 흑인들에게 백인들이 누리는 것들을 누릴 수 없게 했어요. 만델라는 주먹을 불끈 쥐며 다짐했어요.

"이건 결코 옳지 않아. 사람은 모두 평등해야 해."

만델라는 잘못된 것을 바로 잡기 위해서는 공부를 해야 한다고 생각했어요. 그러던 중 학교 자치 활동에 참여했다는 이유로 학교에서 쫓겨나 결국 요하네스버그로 도망칠 수밖에 없었어요.

만델라는 그 곳에서 인종 차별을 뼈저리게 느꼈어요. 흑인들은 도로나 하수도도 없고 전기도 공급되지 않는 흑인 집단 거주 지역에서만 살아야 했어요. 또 정해진 지역 밖에서는 토지를 살 수도 팔 수도 없었어요. 내 목소리를 낼 수 있는 투표권도 없었지요.

만델라는 친구와 함께 아프리카 민족 회의의 문을 두드렸어요. 그 곳에서 점점 힘을 키운 만델라는 흑인 지도자로 알려지게 되었어요. 만델라는 그 곳에서 백인들에 의한 인종 차별을 개선하기 위해 노력했어요.

그러나 그 때, 총선거에서 승리한 백인들은 아파르트헤이트법이라는 것으로 더욱 굳건히 차별 정책을 펼쳤어요. 그것은 인종 차별법으로 피부색과 언어, 신체로 사람을 구분하여 흑인이면 시민권까지 박탈하는 거였어요. 또한 전체 인구의 70퍼센트가 흑인인데도 국토의 13퍼센트 안에서만 살도록 했지요.

만델라는 자신의 목소리를 더욱 키우기 위해 열심히 공부를 해서 변호사가 되었어요.

그리고 드디어 네덜란드 인의 아프리카 상륙 3백 주년이 되는 1952년 4월 6일, 만델라는 비폭력 시위를 총지휘했어요.

"자, 이제 우리도 사람답게 살아야 합니다."

만델라의 말은 흑인들에게 용기를 불어 넣었어요.

그러나 그 일 때문에 만델라는 그만 체포되고 말았어요. 만델라가 체포되자 흑인들은 하나둘 힘을 합쳤어요. 전국에서는 흑인들의 불복종 운동이 일어났어요. 여기저기서 보도되는 흑인들의 단합된 모습을 외국에서도 눈여겨보았지요.

얼마 후, 감옥에서 나온 만델라는 3000여 명이 참가한 가운데 1955년 자유 헌장을 채택했어요. 인종 차별 정책 반대와 민주 사회 건설을 목표로 하는 이 헌장은 흑인 민권 운동의 시작을 알리는 중요한 선언이에요.

그러자 1960년대부터는 국제연합이 남아공을 비판하고 나섰어요. 남아공 정부는 국가 비상 사태를 선포하고 만델라를 비롯한 흑인 운동가들의 활동을 금지했어요. 그러나 흑인들의 저항 활동은 계속되었고, 만델라는 다시 잡히고 말았어요.

만델라는 종신형을 받고 케이프타운에서 멀리 떨어진 로벤섬에 갇히고 말았어요. 그러자 만델라의 석방 운동이 세계 곳곳에서 일어났어요. 만델라가 옳다는 것을 세계가 인정한 거예요. 만델라가 감옥에서 쓴 편지에는 이렇게 씌어 있었어요.

"나는 폭력을 싫어한다. 무기를 선택할 수밖에 없도록 정부는 우리를 몰아 세웠다."

27년 동안의 수감 생활을 끝내고 감옥에서 나온 만델라는 하늘을 올려다보았어요. 하늘은 금방이라도 만델라의 몸에 푸른 물이 들게 할 것처럼 파랬어요. 만델라는 주먹을 불끈 쥐며 다시 한 번 다짐했어요.

‘하늘도 자기 빛깔이 있어. 하물며 사람들이 피부색이 다르다는 이유로 차별을 받아서는 안 돼.’

감옥에서 나오자마자 만델라는 백인 정부를 향해 ‘인종 차별을 끝내라.’ ‘정치범들을 전원 석방하라.’ ‘무력 사용을 포기하라.’ 고 외쳤어요. 인종 전쟁을 막기 위한 만델라의 화해 주장은 세계적으로 알려졌지요. 만약, 만델라가 화해의 손길을 내밀지 않았더라면 흑인과 백인 사이에 전쟁이 일어날 수도 있었어요.

만델라는 백인 지도자인 드 클락 대통령과 대화하고 협력하려고 노력했어요. 그리고 곧 용서와 화해를 바탕으로 새 정부가 세워졌지요.

마침내 1993년, 만델라는 드 클락 대통령과 나란히 노벨 평화상을 받았어요. 그리고 다음해에는 대통령이 되었어요.

대통령이 된 만델라는 흑인을 탄압하고 차별한 백인들을 용서했어요. 그리고 다같이 살기 좋은 나라를 만들자고 사람들을 설득했어요.

만델라는 대통령에서 물러난 뒤에는 세계 곳곳의 갈등과 전쟁이 있는 곳을 돌아다녔어요. 용서와 화해를 전하기 위해서였지요.

남아프리카공화국의 아파르트헤이트

아파르트헤이트는 남아프리카공화국 인구 가운데 적은 수를 차지하는 백인이 많은 수의 흑인들을 지배하는 정책을 말해요. 특히, 아파르트헤이트는 흑인말고도 백인과 다른 피부색을 가진 인종에게도 펼쳤던 인종 차별 정책이에요.

남아프리카공화국의 인종 차별 정책은 1948년에 국민당이 집권하면서 더욱 심해졌어요.

이 정책은 백인과 다른 인종에게는 백인과는 다른 교육 제도로 교육을 받도록 했으며, 직업을 가질 때도 제한을 두었어요. 1959년에는 흑인들만 살 수 있는 곳을 만들어, 그 곳을 벗어나지 못하게 했어요. 흑인들의 자유를 모두 빼앗으려고 하는 정책들이 더욱 많아졌지요. 그러나 만델라를 비롯한 흑인들의 끊임없는 저항 운동과 독립 운동에 힘입어 1994년 이 정책이 사라지게 되었답니다.

노벨 평화상

노르웨이의 노벨 위원회에서 인류의 평화와 발전에 기여한 사람에게 상을 주는데, 이 상이 바로 노벨 평화상이에요.

노벨 평화상은 다이너마이트를 발명한 노벨이 만든 상이에요. 노벨 평화상뿐만 아니라 노벨 의학상, 노벨 화학상, 노벨 문학상,

노벨 물리학상, 노벨 경제학상이 있어요. 노벨은 자신이 발명한 다이너마이트가 전쟁에 이용되어 많은 사람들이 죽는 것을 보고 크게 뉘우치며 노벨상을 만들었다고 해요. 우리 나라의 민주주의와 통일을 위해 온 몸을 던진 김대중 대통령도 2000년에 노벨 평화상을 받았어요.

1901년부터 수여하게 된 이 상은 개인뿐만 아니라 국경 없는 의사회 같은 단체에도 주고 있어요.

1964년에는 미국의 마틴 루터 킹 목사, 1979년에는 인도의 테레사 수녀, 1991년에는 미얀마의 아웅산 수지 여사, 1999년에는 국경없는 의사회, 2002년에는 미국의 전 대통령인 지미 카터가 받았어요. 모두들 세계와 인류의 평화와 자유를 위해 투쟁한 사람들이나 단체들이랍니다.

10. 훔친 빵 한 조각과 신부의 사랑

촛대도 가지고 가십시오!

감옥에서 나온 장발장의 모습은 더 이상 청년이 아니었어요. 수염이 덥수룩하고 머리는 백발이 성성했어요.

장발장의 눈에는 분노와 원망이 잔뜩 담겨 있었어요. 배고픈 동생들을 위해 겨우 빵 하나를 훔쳤을 뿐인데, 장발장은 감옥에서 19년이라는 세월을 보내야 했지요.

감옥에서 나온 장발장은 살 길이 막막했어요. 친구와 친척들은 모두 그를 모른 척했어요. 서운했지만, 어쩔 수 없었어요.

장발장은 당장 배가 고팠어요. 그러나 주머니에는 돈 한 푼 없었어요. 장발장은 주린 배를 채우고 살 집을 마련하려면 돈을 벌어야 했어요. 장발장은 옷매무새를 가다듬고 일자리를 찾아 나섰지요.

그러나 사람들은 장발장을 무척 쌀쌀맞게 대했어요. 어디를 가든지 장발장은 자신이 범죄를 저지른 전과자라는 황색 카드를 보여 주어야 했어요. 그래서 결국은 취직을 할 수가 없었답니다.

며칠을 굶은 장발장은 길 한쪽 구석에서 잠이 들었어요. 얼마를 잤는지 잠에서 깨 보니까 주위는 온통 어둠뿐이었어요.

장발장은 견딜 수 없는 배고픔으로 우선 배를 채워야겠다는 생각밖에 없었어요. 먹을 것을 찾아 헤맸지만, 누구도 장발장을 거들떠보지 않았어요.

지친 장발장이 성당 안으로 들어섰어요. 혹시 먹을 것을 얻을 수 있을까해서였지요. 그 곳에서는 신부님이 기도를 하고 있었어요. 장발장은 신부님과 눈도 마주치지 못하고 주저했어요.

신부님은 장발장이 몹시 배가 고프다는 사실을 눈치챘어요.

"이쪽으로 오십시오."

신부님은 따뜻한 손길을 내밀었어요. 그리고 식당으로 안내했지요. 허겁지겁 배를 채운 장발장은 그제서야 신부님을 바라보았어요. 잔잔하게 웃는 모습이 마음을 편하게 해 주었어요.

그 날부터 신부님은 장발장에게 많은 도움을 주며 따뜻하게 대했어요. 장발장이 감옥에서 나온 뒤로 이렇게 따뜻하게 대하는 사람은 처음이었어요.

그러던 어느 날이었어요. 장발장은 이 곳에 계속 머물 수 없다는 생각이 들었어요. 그래서 성당에 있는 은접시를 훔쳐 도망갔어요. 도망을 가면서도 장발장 마음에는 신부님의 사랑에 대해 미안한 마음이 없었어요. 그냥 단지 자신이 잘 살아야겠다는 생각뿐이었지요.

그러나 헉헉대며 도망가던 장발장은 그만 경찰에게 붙잡히고 말았어요.

"당선, 도둑질했지?"

장발장은 당황해서 더듬거리며 말했어요.

"아, 닙, 니, 다, 받, 은, 겁, 니, 다."

"한 번 확인해 봐야겠군."

경찰들은 장발장을 끌고 신부님 앞으로 갔어요. 장발장을 본 신부님은 따뜻하게 미소 지으며 말했어요.

"그것은 제가 드린 겁니다."

경찰도 장발장도 당황했어요.

"이것도 드렸는데 가지고 가지 않았더군요."

신부님은 은촛대 두 개를 장발장의 손에 쥐어 주었어요.

"저……."

장발장은 목이 메어 아무 말도 하지 못했어요. 경찰들은 뒷머리를 긁적이며 장발장을 놓아 주었어요.

"신부님."

장발장은 그 자리에 꿇어앉아 놀라움과 감동의 눈물을 흘렸어요.

"얼른 가십시오."

신부님은 정답게 말하며 성당 안으로 들어갔어요. 장발장은 눈물을 훔치며 다짐했어요.

'나도 이제는 새로운 삶을 살 거야.'

장발장은 자신의 잘못을 진심으로 뉘우쳤어요. 그리고 신부님에게 받은 사랑을 되갚아

야겠다는 다짐을 했지요.

장발장은 이름을 마드렌느로 바꾸고 열심히 노력했어요. 한 공장의 공장장이 되고, 나중에는 한 도시의 시장까지 되었지요. 시장이 된 장발장은 어려운 사람들을 도우며 성실하게 살았답니다.

빅토르 위고의《레미제라블》

장발장은 프랑스의 위대한 작가 빅토르 위고의《레미제라블》이란 작품의 주인공이에요. 흔히《레미제라블》이라는 작품 제목보다는 '장발장'이라는 주인공 이름이 더 많이 알려져 있지요. 장발장은 젊었을 때, 빵 한 조각을 훔친 죄로 19년 동안 감옥살이를 했어요.

감옥에서 나온 장발장은 수도원에서 하룻밤을 묵고 나서는 신부의 은혜를 저버리고 은접시를 훔쳐 나오지요. 결국 경찰에 잡혔지만, 신부가 자신이 선물로 준 거라고 증언하는 덕분에 풀려났고, 신부의 은혜를 갚기 위해 열심히 살았어요.

이 작품은 장발장에게 새로운 삶을 살도록 이끈 신부의 용서와 사랑, 이해를 통해서 인간의 순수한 마음이란 무엇인지를 보여 준 작품이에요.

1862년에 세상에 첫선을 보인《레미제라블》은 인간의 마음 속에는 선한 것이 있고, 새로운 세계를 보여 주려는 대표적인 소설이에요. 이런 생각을 낭만주의라고 하는데,《레미제라블》을 쓴 빅토르 위고는 문학에서 낭만주의의 문을 연 대표적인 작가랍니다.

바늘 도둑이 소도둑 된다

엄마와 단둘이 사는 아이가 있었어요. 어느 날, 아이는 친구집에 놀러 갔다가 친구의 장난감 차를 들고 집에 왔어요.

"그게 뭐니?"

"저, 친구 장난감이에요. 가지고 싶어서……."

엄마는 '그까짓 것 쯤이야!' 하고 생각했어요.

다음날부터 아이는 친구집에 가면 물건을 하나씩 집어 왔어요. 그럴 때마다 엄마는 대수롭지 않게 여겼어요.

아이가 자라 어른이 되었어요. 아이는 은행에 들어가 돈을 훔치려다가 잡히고 말았지요.

감옥에 갇힌 아들을 보러 온 엄마가 말했어요.

"얘야, 왜 도둑질을 했니?"

그러자 아들이 울면서 말했어요.

"엄마가 내가 장난감 차를 집어 왔을 때 야단을 쳤다면 이렇게 되지 않았겠죠."

엄마는 후회하고 또 후회했답니다.

작은 잘못을 했을 때, 야단을 치고 바로 잡아 주었다면 큰 잘못을 하지 않았을 거라는 교훈이 담긴 이야기에요.